AF385385

REMARQUES

SUR LA

SITUATION DE LA FRANCE

AU 1er MAI 1815.

par le Général comte MORAND

PARIS,

IMPRIMERIE DE LE NORMANT, RUE DE SEINE.

1815.

REMARQUES

SUR LA

SITUATION DE LA FRANCE

AU 1er MAI 1815.

La France ressemble dans ce moment à une armée sur le champ de bataille, qui, après avoir, par un effort victorieux, renversé son ennemi, se rétablit du désordre de la victoire, se réforme sous le commandement de son général, pour obtenir la paix ou de nouveaux triomphes.

La révolution française n'est que la dernière campagne d'une guerre qui a duré six siècles, et ce grand événement, qui frappe aujourd'hui d'admiration et d'étonnement tous les hommes généreux, d'épouvante tous les ennemis de la liberté, de l'indépendance et de la gloire de la France, semble être une de ces victoires qui décident pour jamais du sort des peuples ; parce qu'elles sont le résultat de tous les efforts du courage , de toutes les combinaisons des talens , parce qu'elles ajoutent le sentiment de la force à la conviction de la justice de la cause qu'on a soutenue.

La France victorieuse de la barbarie des siècles précédens, de l'oppression de quelques familles, victimes elles-mêmes de leur orgueil, ne sent plus que le besoin d'établir d'une manière fixe et invariable les nouveaux rapports qui doivent lui garantir la jouissance de la liberté et de tous les biens qu'elle a conquis. Le héros qu'elle a choisi depuis seize ans , parmi ses illustres enfans, pour en faire le dépositaire de sa puissance , son appui, le défenseur de ses droits , n'éprouve que le même besoin, n'a que le désir d'assurer le bonheur, la paix du peuple qui lui a confié ses destinées.

Les vœux de tous les bons Français s'élèvent pour le bonheur de la patrie ; toutes les pensées sont dirigées vers les institutions qui peuvent donner à l'Empereur toute la force et la puissance nécessaires pour faire observer les lois, et au peuple les habitudes qui rendent l'obéissance douce et chère , qui attachent et unissent aux devoirs les jouissances et les plaisirs de tous les âges.

Qu'il me soit permis, dans ce concours de tous les bons Français sur la chose la plus importante pour le présent et pour l'avenir, pour la patrie et pour l'Empereur, d'exposer quelques idées simples , puisées dans l'antiquité, et appuyées de l'expérience des siècles.

La première pensée des peuples dut être la meilleure, parce qu'elle fut produite par l'instinct et l'intelligence dans leur fraîcheur ; c'est ainsi que la légion romaine est la plus admirable des institutions militaires, que le plus ancien des poëmes est encore le plus beau, que l'architecte et le statuaire ne trouvent encore que dans les monumens et les statues de l'antiquité , les modèles de l'art et le type de la beauté ; une pensée simple est un don du ciel, tandis qu'il fut toujours facile à l'esprit et à l'imagination d'inventer des formules , de faire des combinaisons.

La source et les analogies des idées que j'expose, sont faciles à reconnoître ; elles sont dans notre histoire, dans celle des Romains, nos premiers instituteurs ; pour les trouver, il ne faut que traverser les temps occupés par la troisième dynastie de nos rois.

I.

La constitution anglaise , qui, depuis un siècle, sert d'élément et de thême à toutes les combinaisons politiques des peuples qui veulent s'affranchir des usurpations féodales, n'est autre qu'un pacte conclu dans des temps encore barbares, et dans la chaleur des révoltes, entre des barons puissans, mais amis de la justice, et un peuple qui se contente d'une cession volontaire de droits qui suffisent à sa raison, à ses désirs et à ses besoins.

Notre révolution, par la résistance insensée des restes de la caste féodale qu'il a fallu détruire pour les vaincre, n'a rien laissé pour conclure un pacte semblable. La nation a dû repousser de son sein et anéantir des hommes qui, dans leur orgueil, s'étoient oubliés au point d'appeler les étrangers, les anciens rivaux de la France , ses ennemis, pour satisfaire leur vengeance et les folles prétentions de leur vanité.

Quand la constitution anglaise se forma, les barons étoient les chefs les plus vaillans de la nation, les meilleurs citoyens; ils ne souffrirent pas qu'aucun peuple voisin vînt s'immiscer dans leurs querelles avec leurs vassaux et les communes; ils repoussèrent toute influence étrangère, et conclurent en frères ce pacte admirable qui a fait la puissance et la gloire de l'Angleterre. La maison royale des Stuarts osa demander un appui à la France ; elle osa menacer les Anglais de l'étranger, et cette maison fut bannie pour jamais.

Quand la révolution française a commencé, les hommes qui représentoient les anciens barons, n'étoient plus que des courtisans avides, humiliés devant des prostituées, des prêtres et d'indignes favoris ; pleins d'une vanité puérile, se sentant incapables de disputer avec générosité les droits que la nature vouloit leur enlever, ils coururent chercher les étrangers ; ils firent retentir l'Europe de cris de fureur, de menaces folles, appelant sur leur patrie tous les ravages, tous les désastres. Ils furent justement bannis alors, et leurs biens servirent à repousser l'étranger. Depuis ils ont reparu un instant parmi nous, mais pour réveiller contre eux par leur conduite tous les ressentimens qu'un peuple généreux avoit oubliés après tant de victoires. Leurs enfans, en se mêlant dans ce peuple si grand, répareront un jour les fautes de leurs pères, et effaceront les souvenirs de leurs fureurs. Mais cette caste féodale n'est plus une puissance, il n'y a plus de pacte à conclure avec elle ; il n'y a donc point de rapports entre les circonstances actuelles et celles qui ont vu naître et se former la constitution anglaise.

Les Français se retrouvent en 1815 dans le même état qu'avant l'irruption des barbares; tous libres, tous nobles, tous jouissant des droits politiques qu'ils avoient perdus par l'anarchie qui causa la ruine de la deuxième dynastie, et de laquelle s'éleva la confédération féodale qui choisit pour chef le duc de France. L'anarchie est précurseur de tout changement dans l'état social.

Si les ducs et les comtes, après s'être rendus propriétaires des provinces et des villes dont ils avoient le commandement et l'administration sous les foibles descendans de Charlemagne, élevèrent le duc de France, comte de Paris, au trône pour en faire le chef de leur confédération, le soutien de leur rébellion, de leur usurpation ; le peuple français, après avoir recouvré ses droits par six siècles de combats, a élu *Napoléon* Empereur pour être le protecteur de sa liberté, son appui contre l'usurpation féodale, son soutien dans la jouissance de ses droits politiques.

Hugues, duc ou général de la province de France, fut le chef de la confédération dont les membres avoient fait des provinces leur patrimoine, l'héritage de leurs fils, la dot de leurs filles ; le général Bonaparte est le chef du peuple français, se relevant de la servitude, et recouvrant sa propriété et ses droits. Il ressemble sous ce rapport aux empereurs romains, dont le caractère principal étoit celui de tribun perpétuel, de représentant, de défenseur du peuple contre l'oppression des grands.

Si Hugues et la maison de France sont identiques avec la confédération des généraux et administrateurs qui s'approprièrent le pouvoir du trône, le domaine de la couronne, les terres affectées aux récompenses nationales, et par suite celles des particuliers ; l'Empereur Napoléon et sa dynastie sont identiques avec le peuple qui leur a confié sa défense, le salut de sa liberté et de ses droits politiques.

L'hérédité du trône est le moyen nécessaire et unique de comprimer les ambitions, d'éviter l'anarchie, d'assurer la tranquillité, de garantir la force et le maintien des lois.

Les confédérés, usurpateurs de l'autorité souveraine et de la propriété des terres et des hommes de la France, établirent entr'eux et le chef qu'ils avoient choisi, des rapports de subordination et de secours réciproques qui forment le code féodal altéré par les rois, et qui fut enfin aboli par une longue suite d'agitations et de victoires du peuple. Maintenant il faut achever de régler, d'après le nouvel état social, la distribution de l'autorité et tous les devoirs qui en dérivent. C'est la grande occupation de l'Empereur dans ce moment, et l'objet des vœux de tous les bons Français.

L'Empereur est le dépositaire des lois, de l'observation desquelles dépendent la paix intérieure, la prospérité et la puissance de l'Etat; ainsi que l'Empereur des Romains, il est le représentant du peuple, son tribun perpétuel, son défenseur, le généralissime des armées, le prince du conseil, le chef de l'administration, le protecteur de la justice, de la morale et de la religion. Tout attentat contre sa personne, ou son autorité, est un attentat contre le peuple. Tous les intérêts de l'Etat lui sont confiés, avec l'exercice de toute la puissance nécessaire pour faire observer la loi et faire respecter l'indépendance et la dignité du peuple français. Toute action de l'Etat émane de lui.

L'observation des lois est ainsi garantie, l'emploi des ressources dirigé. Mais comment une grande nation parviendroit-elle à la connoissance des intérêts communs, à discuter ses lois sans confusion, à les faire sans troubles, sans agitations, sans secousses, sans anarchie? Comment parviendra - t - elle à contenir dans les limites qui lui sont fixées par la loi, cette puissance immense créée pour les faire observer ?

Les Anglais y sont parvenus, en opposant les passions et les intérêts du prince et des ministres, des grands et du peuple, en maintenant le peuple dans un état de révolte factice, qui, dirigée avec prudence dans le sens de l'intérêt public, finit par vaincre les résistances qui lui sont contraires, par arrêter l'effet des passions des grands, des agens de l'autorité; et c'est par la liberté illimitée de la presse, que le peuple est maintenu dans cette fermentation et dans la connoissance des intérêts communs. Mais le peuple anglais jouit de ces avantages depuis plus d'un siècle; son caractère, ses habitudes, ses occupations sévères, ne le rendent-ils pas inimitable pour nous, dont l'imagination est vive, qui habitons un pays d'une température plus douce que celle de l'Angleterre, qui avons moins de goût pour les occupations sérieuses, plus de gaîté?

Les anciens y sont parvenus, en divisant le

peuple d'après ses devoirs, et les occupations de chacun. Ne seroit-il pas possible en France, par une semblable division, établie seulement pour l'acte de la discussion et de la formation des lois, de présenter l'intérêt individuel, d'abord isolé, ensuite combattu et réprimé par tous les autres, de manière que de ces discussions des intérêts particuliers de toutes les classes sur le même objet, il puisse naître une connoissance parfaite de l'intérêt général et du sacrifice que chacun doit lui faire? D'ailleurs, le peuple doit être représenté dans ses emplois, dans les occupations, dans les devoirs de chacun, dans toutes les espèces de propriétés; car une bonne réputation, de longs services, des talens éprouvés, sont aussi des propriétés qui attachent peut-être plus à la patrie que celle d'une terre, d'une maison que l'on peut vendre et échanger.

Toutes les assemblées se divisent en comités, en bureaux, pour examiner les différentes questions sur lesquelles elles doivent délibérer et prononcer. Ne seroit-il pas plus simple et naturel de faire discuter chaque question par la classe de citoyens qu'elle intéresse particulièrement? De soumettre ensuite à toutes les autres, les projets qu'elle présente, pour que

chacun lui oppose ou y adapte les modifications qui contrarient ses intérêts ou leur con-
viennent.

Les lois ont pour but d'établir des rapports
permanens ou relatifs à des circonstances particulières et éphémères ; toujours la nécessité
de ces lois doit être sentie par tous les citoyens.

Une ville, un petit état, une société de
commerce ne se trompent guère sur leurs intérêts, dont une sorte d'instinct les avertit sans
cesse. Des discussions continuelles sur les ressources de l'Etat, sur ses rapports extérieurs,
sur ses moyens de défense, en rendent la connoissance tellement vulgaire, que toute mesure bonne, nécessaire, utile, est sûre d'obtenir l'assentiment général, et d'être soutenu
par les efforts de tous, avec la constance et
la volonté qu'inspire la conviction. Partout,
au contraire, où les motifs de l'administration
ne peuvent être connus, où chaque classe de
citoyens ne sait pas le sacrifice qu'elle doit
faire à l'intérêt général, où la communication
de la pensée et des opinions n'est pas réglée
et autorisée par la loi, des écrivains merce-
naires, vils apologistes du crime et des erreurs,
de la puissance du délire, des factions, des
fureurs des étrangers, s'emparent de toutes

les routes de l'opinion; des idées fausses, extravagantes e furibondes sont admises, où des niaiseries occupent un peuple imbécille et crédule, pour qui la voix de la raison n'est bientôt plus qu'un cri de révolte. Malheur à une nation dont les moyens de défense et de prospérité demeurent un problême, source féconde de système et aliment du charlatanisme. La politique du sénat et du peuple romain n'a jamais varié ; un essaim de sauvages établit son camp sur les bords du Tibre, au milieu de peuplades ennemies, et par une intelligence et une volonté admirables, sept siècles après ces sauvages sont les maîtres du monde. Numa ne fit point de conquêtes, mais ses institutions décidèrent du sort de l'univers.

Depuis Pierre-le-Grand, l'empire russe se consolide et s'étend en suivant un plan fixe, invariable et effrayant.

Depuis que l'Angleterre a réglé son administration, sa politique, que je pourrois nommer populaire, l'a conduite à l'usurpation des mers, à la conquête de l'Inde, et à une influence irrésistible sur toute l'Europe.

Pourquoi la France n'a-t-elle jamais pu conserver long-temps la prépondérance que l'étendue de son territoire, les obstacles qui

défendent ses frontières , la valeur de ses habitans, l'immensité de ses ressources, semblent
devoir lui assurer? Dans tous les âges , sa politique a paru foible , vacillante et versatile ;
elle n'a terminé que rarement ses guerres par
des traités dignes de la gloire qu'elle s'y étoit
acquise, et des efforts qu'elle avoit faits. Tantôt
portant ses ressources vers les mers, elle com-
mence des établissemens gigantesques qu'elle
ne soutient pas; tantôt employant ses forces
sur le continent, elle menace ses voisins d'une
domination universelle , mais ce n'est que
l'éruption d'un volcan; elle forme des alliances
qu'elle délaisse lorsqu'elles alloient devenir le
plus utile. C'est ainsi que la Pologne qui avoit
si long-temps défendu l'Europe de l'invasion
des Tartares et des Turcs, qui avoit soutenu
avec tant de courage et de gloire le poids
énorme de leurs efforts , est abandonnée par le
foible Louis XV, au moment où la Russie devient une puissance plus redoutable, plus me-
naçante que celle des Turcs et des Tartares.

Où chercher les causes de cette ignorance
des intérêts communs, de ces inconséquences,
si ce n'est dans l'opposition des intérêts indi-
viduels, dans la frivolité et l'insouciance, dans
la confusion des idées , dans l'orgueil, l'igno-

rance et la corruption de ceux qui gouver-
noient, dans le principe même du gouvernement qui, jusqu'à la révolution, a ressem-
blé plutôt à la maison d'un prince dévorée par
des intendans, qu'à l'administration d'un grand
peuple ?

Si une lutte légale établie entre les intérêts
de toutes les classes de citoyens, est un moyen
sûr et simple de parvenir à une connoissance
parfaite de l'intérêt général de l'Etat, c'est
aussi le moyen de comprimer toutes les prétentions, toutes les cupidités, toutes les ambitions, et c'est peut-être le seul de retenir dans
ses limites, l'immense autorité accordée au
gouvernement, pour faire observer les lois.
Tous les devoirs ne forment que les anneaux
d'une même chaîne ; celui qui s'en écarteroit
seroit vu à l'instant dans l'isolement, ayant à
lutter seul contre l'opinion de tous.

Je me servirai d'une hypothèse pour rendre
plus clairement ma pensée.

Je suppose que pour délibérer sur ses intérêts, le peuple français se forme successive-
ment en assemblées électorales et en assemblées
générales, que l'une et l'autre ne puisse durer
plus d'un mois ; la première seroit remise au
mois de mars de chaque année ; la seconde au
mois de mai.

Le gouvernement établiroit, une année à l'avance, les projets de loi qui seroient à discuter dans les assemblées.

Dans la première, seroient admis tous les citoyens notables de leurs classes.

Dans la deuxième, leurs députés.

Je suppose que chacune de ces assemblées, au lieu de se diviser en comités, en bureaux, dont les membres, comme il est d'usage, sont désignés par le sort ou par un choix sans motifs, se divise en autant de colléges qu'il y a de fonctions, de propriétés et d'occupations dans la société.

Ainsi, les prêtres de toutes les religions formeroient un collége auquel seroit attaché l'examen de toutes les questions de morale, et qui se rapportent aux bases de la civilisation.

Les membres de la Légion-d'Honneur, les hommes décorés de titres, honorés de récompenses pour avoir dévoué leur existence à la patrie, seroient reçus dans un même collége; ils auroient l'attribution de tout ce qui concerne la sûreté, la gloire, la dignité et l'honneur de l'Empire et de l'Etat.

Les jurisconsultes, chargés des questions de législation civile et criminelle, composeroient le troisième collége.

Le quatrième le seroit de tous les propriétaires de terres ou maisons et capitaux hypo-
théqués sur des immeubles.

Le cinquième le seroit de tous les propriétaires de manufactures ou de capitaux appli-
qués à l'industrie.

Le sixième, de tous les commerçans et de
tous les possesseurs de fonds employés dans le
commerce.

Le septième, des citoyens qui se dévouent
aux sciences et aux beaux arts.

La religion et la science sont les gardiens de
la société et de la civilisation.

Les assemblées et les colléges choisissent
leurs présidens et leurs officiers; mais aucune
réunion ne pourroit avoir lieu qu'en présence
d'un commissaire impérial chargé de l'observation des lois. Aucune discussion ne seroit tolé-
rée que sur les questions mises en délibération
par l'Empereur, à moins d'une autorisation
spéciale du commissaire impérial.

Chaque collége enverroit par message et par
écrit, aux six autres, ses conclusions sur la
question présentée ; ceux-ci les discuteroient à
leur tour, et rédigeroient les modifications qui
leur paroîtroient nécessaires. Une commission
seroit ensuite nommée pour arrêter une propo-

sition définitive qui seroit portée à l'assemblée générale par un député de chaque collége de l'assemblée électorale.

Les députés de tous les départemens formeroient les divers colléges de l'assemblée générale, où les discussions s'établiroient de nouveau dans la même forme, pour parvenir à la rédaction de la loi qui seroit soumise à l'acceptation de l'Empereur, après l'avoir été à l'examen du conseil suprême, établi près du trône pour veiller à la conservation des droits et des prérogatives de la couronne, des intérêts du peuple.

Le conseil dont les membres seroient moitié à la nomination de l'Empereur, moitié au choix des assemblées électorales, ne pourroit être composé que d'hommes ayant servi la patrie dans de grands emplois, soit civils, soit militaires; aucun ne pourroit y être admis contre la volonté de l'Empereur. L'assemblée générale pourroit aussi demander à l'Empereur des exclusions.

Tout Français qui auroit porté ou qui porteroit les armes contre la patrie dans les rangs de ses ennemis, ou qui les auroit aidés de quelque manière que ce fût, devroit être exclu de toute assemblée législative, jusqu'à ce qu'il ait été absous par l'assemblée générale, sur la demande formelie de l'Empereur.

L'amnistie, pour ces sortes de crimes, peut donner le droit de vivre en France, de servir la patrie dans l'armée ou l'administration, mais non la jouissance des droits politiques.

Aucun député de l'assemblée générale ne devroit recevoir ni traitement, ni indemnité de l'Etat, et chaque collége, libre dans son choix, devroit pourvoir, ainsi qu'il lui conviendroit, à la dépense que nécessiteroit la mission de son mandataire.

Je n'ai voulu, dans cet exposé, qu'aider à fixer quelques idées, rappeler à la mémoire, fournir aux méditations la pensée d'institutions qui remontent à l'origine de la civilisation. Si elles étoient jugées applicables à la situation actuelle de la France, il faudroit des hommes d'un plus grand talent que moi, plus habitués aux combinaisons politiques pour la développer. Je me contenterai d'en montrer la possibilité par quelque application, et je terminerai ce qui, dans cet écrit, a rapport à l'organisation sociale de la France, par des considérations sur les prêtres, la noblesse, la Légion-d'Honneur, et les conditions qui devroient rendre admissibles dans les divers colléges.

Par exemple :

L'impôt sur les boissons fournit une somme nécessaire à la dépense de l'Etat, et dont on ne peut surcharger les autres impôts. Cependant, l'exercice pour le percevoir est odieux au peuple; il faut avoir le produit, et changer la méthode de le percevoir.

Le gouvernement soumet cette question en 1815, pour être résolue par une loi en 1816. Elle devient l'objet des discussions des propriétaires et des commerçans, et même de toutes les classes, de manière qu'à la réunion des assemblées électorales au 1er mars, toutes les opinions sont faites, les bons esprits ont résolu le problême.

Les colléges des possesseurs de terres et du commerce envoient leur proposition aux cinq autres colléges qui la modifient. Une commission des sept colléges discute et combine les propositions et les modifications, arrête le projet qui doit être porté à l'assemblée générale, où, par la même marche, on parvient à rédiger la loi qui sera présentée à l'Empereur.

S'il s'agit d'arrêter un tarif de douanes, de permettre ou de défendre l'importation ou l'exportation d'objets de fabrication, la question est du ressort du collége des manufactures et du commerce.

S'il s'agit d'importation ou d'exportation de productions territoriales, la présentation du projet appartient aux colléges des possesseurs des terres.

La cour de Rome attente-t-elle aux libertés de l'Eglise gallicane, les colléges des prêtres et de la Légion-d'Honneur présentent les moyens de défendre la religion et la dignité de l'Etat contre cette usurpation.

C'est au collége de la Légion-d'Honneur qu'il appartiendroit exclusivement de donner le premier avis sur la déclaration de guerre, sur les traités de paix.

Le premier examen du budjet, des comptes des ministres, et le rapport qui en résulteroit, seroit fait par les colléges des possesseurs de terres, des fabricans et du commerce. Toutes les questions d'impôts seroient d'abord discutées par les colléges, ou collectivement ou séparément.

Le collége des jurisconsultes présente les projets sur les lois civiles et criminelles ; celui des savans s'occuperoit de ce qui a rapport au progrès des sciences et des arts et au perfectionnement.

Ainsi chaque classe d'habitans de la France s'occuperoit particulièrement de tout ce qui compose ses devoirs, de tout ce qui exerce son intelligence et fait son occupation; chaque classe donneroit le conseil que lui dicteroit son intérêt, et ce conseil seroit combattu par les intérêts de tous, sans confusion et sans trouble.

Le gouvernement trouveroit nécessairement dans cette lutte régulière sa sûreté, et le peuple sa garantie.

J'ai placé les prêtres au rang qu'ils ont occupé chez tous les peuples civilisés; car ce sont eux qui conservent, comme un dépôt confié par Dieu même, les principes et les élémens de la civilisation. La religion est le besoin le plus nécessaire de l'homme; elle embrasse tous les âges, toutes les actions de la vie, et agit sans cesse sur les sens, l'imagination et la raison. Seul contre tous et contre lui-même, l'homme sent continuellement le besoin d'un soutien surnaturel.

Mais la religion chrétienne qui renferme d'ailleurs tous les principes des mœurs, tous les élémens de la civilisation, que l'on peut considérer sous ces rapports, comme le résultat de la sagesse des siècles, n'est point descendue du gouvernement comme la religion et les mystères anciens dont elle tire son origine; elle s'éleva au contraire du sein des dernières classes vers le trône, et acquit par des révoltes continuelles contre l'autorité souveraine, la domination universelle.

Il en résulta, dans l'ordre social, des centres de mouvement dont l'action indépendante produisit de grands troubles. Les Anglais et les peuples du Nord eurent la fortune de rapprocher les deux moteurs de l'opinion, de les réunir, et de n'en faire qu'un seul ressort, parce que leurs prêtres, comme leurs barons, se montrèrent dans leurs révolutions, toujours sages et amis de la patrie. Les Moscovites refusèrent, par instinct, de reconnoître le sujet d'un ennemi pour chef de la religion qu'ils en avoient reçu.

Des circonstances particulières nous ont privés de cet avantage. Si l'assemblée constituante n'eût pas été forcée de confondre les ordres; s'il eût été possible de faire opérer par lui-même la réforme du clergé; si sa résistance contre cette réforme n'eût pas réduit au désespoir les assemblées législatives qui suivirent; si ce désespoir n'eût pas entraîné des extravagances, peut-être aurions-nous dans ce moment une religion vraiment nationale comme les Anglais, indépendante d'une puissance étrangère, et qui seroit l'appui et l'honneur de l'Etat. Le seul moyen de parvenir à ce résultat, seroit peut-être de placer les prêtres de la religion catholique dans une situation telle qu'ils eussent à choisir entre la patrie et l'usurpation de la cour de Rome, entre l'estime, la considération et le mépris et la haine, de les intéresser à la gloire et à la fortune de l'Etat. Les prêtres sont Français, et ce n'est que malgré eux et par des ressentimens qui les aggravent, que quelques-uns se tiennent encore dans un état de révolte et d'opposition : privés par leurs lois sévères de toutes les jouissances de la nature, ils ont plus besoin de celles de la vanité; repoussés de la considération dans l'Etat, ils en cherchent dans les chaumières; éloignés des occasions d'exciter l'admiration par leur dévouement à la patrie, ils cherchent à inspirer de l'intérêt; enfin, hors du rang des citoyens, ils deviennent des factieux.

La Légion-d'Honneur me paroît, dans la pensée de sa création, la plus grande et la plus admirable des institutions, au degré de civilisation où nous sommes parvenus; elle est la gloire et le triomphe des conceptions généreuses, le terme de la lutte entre la noblesse et l'égalité, entre l'aristocratie et le peuple, le trophée de la révolution. On peut le croire, à la haine que les ennemis de la régénération de la France lui portent, aux moyens qu'ils ont employés, aux efforts qu'ils ont faits pour l'avilir, pour en détruire le principe et les élémens.

C'est dans la Légion-d'Honneur élevée à la puissance d'un ordre dans l'Etat, d'une grande, riche et nombreuse corporation d'hommes, qui, pour y être admis, auroient déjà dévoué la meilleure partie de leur vie au service de la patrie, qui, par des exploits, des vertus, des talens, auroient signalé leur caractère et l'énergie de leurs âmes, que le gouvernement trouvera l'appui qu'il pourroit chercher, à l'exemple des Romains, des Anglais, et de quelques autres Etats, dans l'aristocratie d'une noblesse héréditaire qu'il seroit si difficile de rétablir ; que le peuple trouvera un défenseur sorti de son sein, couvert d'une égide de considération et de gloire, et de l'armure d'une réputation sans reproche.

La Légion-d'Honneur pourroit, aussi bien que la noblesse héréditaire, conserver la mémoire des services assez grands, pour que la récompense dût en être transmise à la postérité de celui qui les auroit rendus. Une famille, comme un individu, pourroit demeurer admise à la Légion-d'Honneur, avec le titre qu'auroit mérité son fondateur, tout le temps qu'elle en seroit digne. Une famille peut être, aussi bien qu'un édifice, un monument de la reconnoissance et de la munificence nationale; mais que le fils d'un homme titré ne puisse porter le titre accordé à son père ou à sa famille qu'après s'en être montré digne.

La Légion-d'Honneur devroit être le dépôt de tous les titres, de toutes les distinctions, de toutes les récompenses, de tous les secours accordés aux familles qui se dévouent au service de l'Etat, dont la distribution, assujétie à des règles, ne pourroit appartenir qu'à l'Empereur, mais ne pourroit être révoquée que par les tribunaux.

Les vieillards, les chefs de famille formèrent le conseil des nations primitives; les plus vaillans les conduisirent à la guerre. Il en est encore ainsi chez les Arabes et parmi les tribus sauvages.

Les prérogatives de la noblesse furent, ou le trophée de la conquête, le produit de l'usurpation, ou le résultat de dispositions législatives. Ainsi le Turc est noble pour l'Arménien et le Grec; ainsi les officiers de la cour, de l'armée, de l'administration, dans le désordre de l'Etat, s'arrogèrent des priviléges, s'approprièrent des biens qu'ils transmirent à leurs descendans.

Ainsi les législateurs de l'Inde et de Rome confièrent à quelques familles le dépôt de leurs institutions, le secret, la puissance et l'harmonie de l'Etat; les Vénitiens et les autres peuples qui se constituèrent sur le modèle des Romains, désignèrent aussi des familles qui devoient se dévouer à l'administration. Les barons anglais échangèrent les droits de la féodalité contre des fonctions législatives.

Partout une classe d'hommes, un corps de familles se montre entre l'action des lois pour en conserver le dépôt et l'esprit, pour en diriger les applications, et le peuple pour en réprimer la fougue et l'inconstance. Mais, sous un gouvernement fort et régulier, de nouvelles familles s'élèvent sans cesse à la richesse, à la considération, aux talens qui appellent le premier rang; s'il est occupé par d'autres, si elles en sont exclues par la loi, elles excitent des troubles continuels qui amènent l'anarchie et le despotisme qu'elles préfèrent à l'humiliation. L'histoire romaine est remplie de ces faits; les républiques de Venise, de Gênes, de Florence ont vécu dans les orages; l'Angleterre ne les éloigne qu'en élevant de nouvelles familles à la pairie.

La Légion-d'Honneur élevée à un haut degré de grandeur et de consistance politique, réuniroit tous les avantages et la dignité de la noblesse patricienne, dont elle ne pourroit subir la dégénération. Elle effaceroit tous les souvenirs de la noblesse féodale, qui n'a plus en France que le frèle appui de quelques vieillards dont les fils ont appris dans les rangs de l'armée, dans les emplois de l'administration, qu'il est de plus beaux titres à la considération que des parchemins sales et effacés, dont beaucoup ont été achetés avec de l'or provenant de rapine et de la spoliation des revenus des provinces et des trésors de l'Etat.

L'étude des lois civiles et criminelles, étrangère aux moyens d'accroître la richesse et la propriété de l'Etat et à ses rapports extérieurs, suffit pour occuper la vie de ceux qui s'y dévouent ; cependant nos assemblées législatives, chargées de la discussion de tous les intérêts, furent remplies de jurisconsultes ; des avocats discutèrent de la paix, de la guerre, et des colonies ; ils décidèrent des ressorts du gouvernement, des sources de la fortune publique comme d'une question de droit, d'un intérêt soumis aux tribunaux. Le peuple, habitué à leur confier la défense de sa propriété, les chargea presque exclusivement de le représenter ; ils portèrent dans les délibérations cette faconde qui gagne un procès et séduit l'ignorance , mais qui, exercée pour le triomphe d'un seul intérêt, peut tromper la sagesse d'un conseil, et en écarter le calme et la prudence. En les réunissant dans le même collége , on concentre la science des lois, on accumule dans le même foyer toute la lumière de la législation civile et criminelle.

Dans les colléges où la propriété est le titre d'admission, les titres devroient être déterminés par la quantité des impôts payés. Ainsi les possesseurs de terres ou d'hypothèques sur des terres, ensuite de conventions faites avec les propriétaires nominaux payant dix mille francs d'impôts fonciers, devroient, de droit, être membres de l'assemblée électorale. Les autres seroient classés par le rang de leurs impôts, et y enverroient autant de députés qu'ils paieroient de dix mille francs.

Il en seroit de même des propriétaires de manufactures, d'après le nombre de leurs ouvriers ; du commerçant, d'après sa patente, et la quantité des impots de domaines ou autres qu'ils paieroient annuellement.

Dans le collége des savans, seroient réunis les membres de l'Institut, les chefs de l'Université, les docteurs dans les sciences et les beaux arts.

Non-seulement la lutte entre les divers colléges produiroit la connoissance de tous les intérêts particuliers et de leurs rapports avec l'intérêt général, mais il en résulteroit encore une balance d'opinions qui feroit la sûreté du gouvernement, assureroit la conservation de l'énergie et l'harmonie dans l'Etat.

Il est des époques dans la vie des nations, où elles semblent perdre l'instinct de leur conservation, où les sentimens nobles et généreux semblent étouffés sous les intérêts vulgaires, l'esprit de parti, le besoin des jouissances et du repos. Une grande civilisation amène ces résultats. Le marchand ne voit que ses profits; l'artisan, son salaire; l'homme de loi, le magistrat, le savant, le propriétaire, jouissent avec délices de la sécurité d'un gouvernement paisible, sans songer qu'ils dorment sur un volcan. L'enthousiasme des arts remplace celui de la gloire; une grande et puissante nation se trouve bientôt sans force, sans énergie, et à la merci d'un voisin ignorant, barbare et guerrier. Les frontières sont envahies; les places fortes, les défilés des montagnes sont cédés à la force ou à la peur. L'Etat ravagé, démembré, subit le joug de l'étranger. Ainsi succomba l'empire romain; ainsi l'Italie devint une proie que, depuis des siècles, le Franc et le Germain se disputent.

La direction des esprits vers la jouissance de la vie, dans un état très-civilisé l'amour du repos, la considération pour les producteurs ou les inventeurs de plaisirs, le dégoût de la profession des armes, la dégénération du courage, la mollesse et la langueur, ne sont pas les seuls présages de malheur et de ruine.

Si les moyens d'existence et de propriété des provinces sont différens et indépendans ; si le commerçant a mêlé ses intérêts avec ceux de l'étranger; s'il est devenu son facteur, au lieu de l'être de l'agriculteur et du fabricant ses compatriotes, l'intérêt local et individuel opposera une résistance presque invincible à toute mesure de sûreté, de précaution ou de prospérité que prendra le gouvernement pour l'intérêt général. Ainsi, une guerre contre l'Angleterre causera du mécontentement dans les provinces qui bordent la mer, et est indifférente aux provinces de l'Est qui ne s'intéressent qu'à leurs frontières : qu'importe aux

Bordelais, aux négocians de Nantes et de Marseille, la limite du Rhin, la possession de Mayence ou du plateau de Kaiserslautern? qu'importe à l'habitant de l'Alsace la conquête de Saint-Domingue, la possession de l'Isle-de-France, de Pondichéri, la perte du Canada? Le talent d'un chanteur, la force et la légèreté d'un danseur, un début, un pamphlet, une fête occupent beaucoup l'habitant de Paris.

Dans le commencement de son entreprise le gouvernement a pu ployer sous sa puissance et sa volonté les efforts des intérêts opposés, réveiller l'apathie et la mollesse ; mais les ressources s'épuisent, ses droits demeurent méconnus ; l'aigreur et les cris augmentent : il se trouve forcé, au moment peut-être du succès, à y renoncer ; et une paix désavantageuse vient accroître les dangers et la foiblesse de l'Etat.

Naguère un grand empire devint la proie de ses voisins qui ont pu le ravager et le démembrer sans danger, parce que ceux qui disposoient de ses ressources, qui dominoient ses provinces, avoient des intérêts différens, et qu'ils appelèrent l'étranger. Le nom de la Pologne fut effacé, et les guerriers les plus valeureux subirent le joug des peuples qui avoient porté le leur, ou qu'ils avoient sauvés de celui des Turcs.

Dans nos jours de malheur et de désastre, la fatalité qui nous a fait perdre en un instant le fruit de tant de travaux, poursuivoit encore la gloire de nos armes; des hommes qui lui étoient étrangers, qu'elle humilioit, qu'elle blessoit, voulurent la faire envisager comme l'effet du délire; et tandis que l'ennemi qui tant de fois en éprouva la force, que le ressentiment de l'humiliation de sa défaite agitoit encore, lui rendoit hommage, d'indignes Français prétendirent les flétrir, et arracher de toutes les âmes cet amour sacré et tout puissant de la gloire de la patrie.

Quel autre sentiment, en effet, pourroit faire affronter les dangers, braver la mort et la douleur, se vouer à une vie pénible pleine de privations et de fatigues, supporter une discipline rigoureuse et souvent humiliante ? Ce sera l'amour du prince, ce sera l'honneur, me répond-on. Mais le prince n'est-il donc pas le chef et l'image de la patrie? l'honneur n'est-il pas le seul chemin de la gloire ? Ce sera l'ambition et l'orgueil : seroit-ce donc un crime de vouloir s'élever avec la patrie par un courage et une intelligence supérieurs ? Eh bien , ce sera la soif de l'or, la fureur du pillage : ces viles passions ont pu ébranler, à la vérité , les hordes de Tartares qui ont ravagé le monde , les brigands qui ont dévasté l'Amérique occidentale ; mais les armées régulières et disciplinées de la France ne pillent pas ; leurs chefs sacrifient souvent leur patrimoine avec leur vie au service de l'Etat ; ils meurent dans l'indigence ; la solde de l'officier et du soldat suffit à peine à leurs besoins. Ces viles passions ne s'associent jamais qu'avec les désastres ; le pillage dévore l'armée qui s'y livre ; l'or flétrit le courage , anéantit la constance nécessaire au succès des grandes entreprises ; d'ailleurs, est-ce pour de l'or que l'on voudroit s'arracher à toutes les jouissances qu'il peut donner ; jouer contre de l'or la vie et de longues douleurs?

Si l'espoir de contribuer à rendre sa patrie la plus puissante, la plus glorieuse , la plus prospère ; d'éloigner de son sein les malheurs de la guerre ; de la sauver de la perfidie , de l'ambition et de la jalousie de ses voisins ; de faire respecter au loin sa puissance et son nom ; si cet espoir, dis-je , est un délire , au moins c'est le délire des nobles et grandes âmes.

Destructeurs des sentimens généreux , vous

dont les idées ne peuvent s'étendre au-delà des lambris d'un salon, hommes nés pour la mollesse et la servitude, écrivains stipendiés par les ennemis de la France pour abaisser sa gloire, semblables à ces misérables qui dans Rome attroupés, suivoient le char de triomphe en couvrant d'injures le triomphateur, vous lancez le venin de la jalousie contre les nobles enfans de la victoire; vos yeux qui ne les ont pas vus sur le champ de bataille, sont blessés de l'éclat de leur renommée; vous enviez les récompenses accordées à leur valeur, à leurs services; vous recherchez leur origine comme si le sang qui coule dans les veines des héros, n'étoit pas le plus pur et le plus noble. Vous donnez à leur dévouement des motifs qui ne peuvent se trouver que dans vos cœurs. Vos lâches et vains efforts ne peuvent inspirer que du dégoût et du mépris; et s'ils pouvoient altérer le courage, vous seriez les premières victimes de votre fureur impie; l'ennemi viendroit bientôt vous enlever ce repos et les jouissances dans lesquelles vous avez placé votre bonheur, vous punir de vos bassesses, de vos trahisons, de votre flatterie.

www.ingramcontent.com/pod-product-compliance
Ingram Content Group UK Ltd.
Pitfield, Milton Keynes, MK11 3LW, UK
UKHW021152140726
13695UKWH00005B/2104